오늘의 판타지

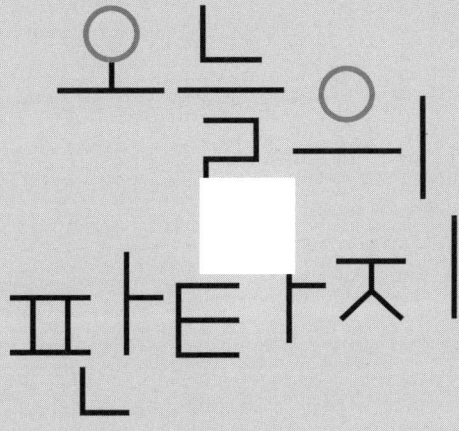

오늘의 판타지

시인수첩 시인선 074

김루 시집

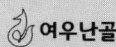
여우난골

| 시인의 말 |

여전히 폭우다
잠기는 시간이 길어질수록 계절은 새로운 얼굴을 갖는다
숲이 무성해져 가도 이상하지 않은
거리에 나는 없다

떠내려간 발자국이 죄는 아니어서
너는 정겹고
나는 듬쑥해진다

2023년 여름
김루

| 차례 |

시인의 말 · 5

1부

오늘의 판타지 · 13

공원의 표정 · 15

카페에서 바라본 여름 · 18

물속 엘리스 · 20

추모 공원 · 22

밤의 광장 · 24

고흐의 카페, 1997 · 26

선암과 선암 · 28

바늘 꽂힌 구름이 흩날립니다 · 30

비릿한 잠 · 32

비요일의 우산 · 34

해바라기 · 36

2부

심부름센터 · 39

덩크슛 · 40

스비리도프 · 42

장어 · 44

밤을 걷는 킬힐 · 46

밤에 도착한 리스본 · 48

트라우마 · 50

귓속 나비 · 52

은하 · 54

다섯 돌멩이 · 56

십자수 · 58

식스센스 · 60

계림우화 · 62

3부

Bluemoon · 67

낙타의 눈물 · 68

엄마의 바다 · 70

비를 맞고 우린 날았지 · 72

우리 동네 피터 팬 · 74

흔한 남매 · 76

봄밤 · 79

칸나 · 80

달 뜨는 세탁소 · 82

몽타주 · 84

수선화 · 86

푸가의 방 · 88

어느 소설 · 89

4부

아프리카 장례식·95

페가수스·98

사각지대·100

입꼬리·102

탐구생활·104

템플스테이·106

모티브·108

여름 풍선·110

다이어리·112

마임의 방·114

딸꾹질·117

그을린 새를 그리면·118

환생·120

그림자를 지워도 지나갈 사람은 지나갈 뿐이고·122

해설 | 서윤후(시인)

풍경 더미를 누비는 슬픔의 행렬·125

1부

오늘의 판타지

비가 오면 인쇄소는 검고 활자는 지루합니다

카탈로그에 새를 풀어요

빗줄기에 갇힌 새들이 비를 저으며 구름이 되어갑니다

구름이 되어 본 사람만이 비의 목소리를 가집니다

처음 본 새에게 길을 물어요

정류장에 빗소리 쏟아지고

기다리는 버스는 오지 않습니다

한 세기를 건너듯
한 정거장을 건너면

비를 오래 본 새들이 태양을 알아봅니다

기다리던 버스를 물고 바다를 건너오는 새

빗소리 깊어집니다

공원의 표정

우리는 셋이 되어 공원을 걷지
셋이라는 건 모두 혼자인 거야

저녁 산책이 밝아졌다 어두워진다

팔짱을 낀 연인을 지나 장미 정원을 지나 풍차 앞에서 구름다리에 오른다

우리는 걷다 웃고 웃다 반성한다

날씨를
공원을
혼자를

우린 왜 셋이면서 혼자인 걸까

자전거를 타며 웃는 연인으로 출발해도 좋았을 걸

강아지가 온다 하얗게 온다 혀를 내밀며 정겨운 꼬리로 온다

가까이 더 가까이

충혼비 앞에서 우리는 선다

여기엔 거미뿐이구나

거미가 한 발 한 발 발등을 딛고 올라와 묵념한다

허공에서 노을 지는 아버지

우리는 다시
셋이 되어
바람의 몸속에 들어앉는다

너무 깊게 들어온 걸까

죽은 아버지가 따라오다

붉게 일어난다

밟고 있는 그림자가 무덤이었구나

검은 옷을 입고
저마다의 숲으로 우리는 흩어진다

카페에서 바라본 여름

카페 문을 열고 들어와 당신은 여름을 주문한다

여름이 준비되었습니다
여름을 건네자
유리잔에서 당신이 출렁거린다

날은 덥고 날은 습하고 습한 여름이 천장에서 허브 향을 키우고

물수국은 해변에서 하얗다

서핑하던 사람들
물갈퀴를 끼우고 바다를 헤엄쳐 다니면
잠깐 비가 내리고

바닷속 물고기는 줄무늬를 갖는다

천 개의 입술과 천 개의 지느러미가 헤엄치는 바다

바나나 보트가 구름 속을 달릴 때

당신의 집은 비어 있다

고장 난 피아노 위에 놓인 바다

흑백의 얼굴로 여름을 지나고 있다

물속 엘리스

태양이 지고
바다가 잠들면
우리는 양초로 어둠을 밝힙니다

물의 정령을 위해
기도하는 아이들을 위해
아래로 더 아래로
물길을 열면
순록은 어디로 헤엄쳐 갈까요

바람을 볼 수 없어
양초는 뜨거워져 가는데
기도할수록 맨발입니다

아이는 어느 초원에서 풀을 뜯고 있을까요
그림자는 내 곁인데
아이는 보이지 않습니다

하루 한 달 십 년
시베리아에서 툰드라로
건너간 달빛은 순록을 부릅니다
치마 입은 달빛이 밤을 건너갑니다

나뭇잎 한 장으로
전생을 다 가릴 순 없지만
물속 고요는 여전히 낯섭니다

추모 공원

장소에 따라 입의 개수가 달라지는 앵무

당신은 완벽하게 죽은 사람이구나

목소리에 다정함이 있어 너무 쉽게 따라 하거나 너무 쉽게 용서한다
말을 하는

앵무를 이해하는 사람은 목덜미가 휘어지도록 고개를 숙여 본 사람입니다

오늘은 즐거운 당신의 기일

아이 손을 잡고 꽃집에 들어서면 여섯 개의 입, 일곱 개의 입, 스물일곱의 입이 장미로 하얗게 피어납니다

하얀 장미가 무덤을 향해 걷습니다

아빠, 수염이 많이 자랐네

비가 온 뒤라 수염이 무성합니다

수염을 어루만지며 들여다보는 무덤

공원 여기저기에 누운 사람의 집이 눈에 밟혀 아이 손을 꼬옥 잡아줍니다

밤의 광장

거리가 텅 비었습니다

가로수는 벚꽃으로 화사해져 가는데
붉은 입술들
어디로 다 사라진 걸까요

지구의 사람들은 봄을 잊은 얼굴입니다

며칠만
몇 주만
아니 몇 달만이라도,

기도하기 위해 마스크를 벗으면
장례식장 행렬은 늘어만 가고

포클레인은 울음을 떠 거리에 묻습니다

외면하지 말아 주세요

이별을 말해야 할 시간입니다

바람 불고
숨은 쉬어도
울음이 된 도시

우린 넷을 여덟으로 희망합니다

기타 치며 노래하던
나의 달
나의 별

지구는 번번이 이별을 마주합니다

고흐의 카페, 1997

노란 찻잔 속에
노란 해바라기가 말을 하기 시작했지

종일 무덤에
누워만 있을 뿐인데
바람은 시들어 갔어

비둘기가 구구구구 우는 거리엔 비가 내렸지

때가 되면 피고
때가 되면 지는
해바라기는 태양을 찾기 시작했어

우산을 써도
저녁 빗소리는 막을 수 없고
매캐한 연기로
뒤집어진 눈꺼풀이 풀릴 때
우린 사랑을 했지

잠 속 세상이 무덤인 줄 모르고
벽 속에 자신을 가둔 해바라기

하나뿐인 다리로
웃으며 태양을 향해 걷는다

선암과 선암*

야음과 야음, 호수처럼
바다처럼, 수평선처럼

수평에 앉은 가을
수평에 앉은 고목
수평에 앉은 나뭇잎
수평에 앉은 물새
수평에 앉은 태양
수평에 수평을 덧칠하면
새 떼로 선암과 선암이 내려앉아

여섯 다리로
일곱 다리로
첨벙첨벙

배꼽을 드러내고
태어나 구름이
태어나 나비가

여름처럼
한낮처럼

바람이 죽은 수평 위로
떠오르지 않는 한 사람을 위하여
다리가 기울어진 의자가
다리가 잘려 나간 의자가
사제처럼 검은 옷을 입고
바람개비를 돌린다

빨갛고 노란
나비, 날개를 펼치며

---

* 울산 남구 선암동 490-1에 위치한 호수 공원.

바늘 꽂힌 구름이 흩날립니다

월요일에 헌혈을 하면 햄버거를 줍니다 햄버거를 좋아하지만 피는 무섭고

채혈 침대에 누워 당신이 얘기한 바다에 대해 생각해요

주기적으로 피를 뽑으면 누군가의 내일을 바꿀 수 있어요

헌혈을 하고 햄버거를 먹으면 피는 맑아지고 하늘은 노랗습니다

문진표에 작성을 하며 진실을 말할 뻔했어요 말라리아 유행 지역에 다녀왔다고

햄버거가 그리운 날입니다
피를 뽑아 햄버거를 구할 수 있다면
누군가의 내일이 될 수 있다면

바늘 꽂은 채 구름은 흩날리고 와인처럼 피는 익어갑니다

월요일이 다가옵니다
헌혈 주기는 왜 두 달 후여야 합니까

햄버거를 실은 헌혈차 지나갑니다.

비릿한 잠

처음을 잊어요

까맣게 잊어요
고장 난 시계처럼
구멍 난 양산처럼

밤새는 줄 모르고 티라미수 케익에 올라 처음을 고백해요

브룬펠시아
자스민의 밤은
구멍 난 양말이 너무 많아
깍지 낀 손가락을 꿰매도

금지된 밤이에요

케익에 그냥 손가락만 꽂아 주세요

터질 게 너무 많아
폭죽은 위험해요

비릿한 잠에는
완전히 흰 것도
완전히 검은 것도 없는
세상일 뿐이에요

비요일의 우산

구석에 오래 세워져 있습니다
날씨가 맑았거든요

오늘은 아침부터 흐리더니
빗소리 저녁을 두드립니다

뜨거워지는 빗방울 소리에
밖으로 나갑니다

모처럼의 외출입니다

슈만 환상곡이 밤거리를 우주로 밀어 올립니다

거리를 감싸는 빗소리
횡단보도에 멈춰 서 비를 바라봅니다

횡단보도는 파란 불빛으로 바뀌고
비의 건반은 펼쳐집니다

손을 맞잡고 비를 연주합니다

비의 음악이 심장을 파고들어
빗방울 속으로 우리는 숨어듭니다

해가 뜨면 다시 구석에 서 있겠지만
태양을 그리워하지 않을 겁니다

빗소리 기다립니다

해바라기

 달이 차올라 가슴이 봉긋해요 언제까지 갇혀 숙성만 해야 하나요 입안이 가시덤불이에요 모르는 척 버려둘수록 혀는 짓물러져요 혀를 줄게요 손가락을 잘라 주세요 달의 음색이 짙어질수록 날카로워지는 밤이에요 한 모금만 한 모금만 그러다 날 새겠어요 우리 그냥 흘러내려요 목젖이 타들어 가요 열이 올라 터진 실핏줄의 눈동자, 울음이라 하지 말아요 견디다 메아리친 환청인 거죠 유리창의 빗물이 포개어져요 어디예요 당신의 아침은, 묻는 사람도 없는 지구의 아침이 밝아져요 솜털이 자라 울음을 타 마시는 여긴 입김으로 썼다 지운 한 사람, 고흐의 집이에요

2부

심부름센터

 선물을 보내야 해요 깁스한 다리가 무거워요 올 추석에는 온 가족이 모여 소원을 빌어야겠어요 커다란 달을 부탁해요 식탁에는 매미 울음이 한 상이에요 귀뚜라미 울음도 부탁해요 계절이 바뀌면 우는 시간이 필요하잖아요 오는 길에 과수원에도 다녀와 줘요 몇 해 동안 엄마가 포도나무에 매달려 까맣게 익어가요 노래를 좋아한 엄마를 위해 당신이 '자기야'를 불러주면 웃으며 엄마는 깨어날 거예요 비닐 장판 아래 엄마의 비상금이 잠들었어요 선물은 따뜻하지만 엄마가 무거워 무덤은 둥글게 부풀어 올라요

덩크슛

아침이 달라져 있다

비명으로 고층 건물은 무너지고

폭우에 아버지 떠내려간다

아버지, 일용할 양식을 주시고
아버지, 어디에 가 닿을까

박쥐처럼 거꾸로 매달려
동생은 울고

내일은 오지 않는다

어느 물속을 아버지는 걷고 있을까

태양을 타고 떠올라야 하는데
물속에 잠긴 골목

미역처럼 흐늘거린다

벽이 기울어진 해바라기미용실
불이 꺼진다
개똥참외 백열등은 빗소리에 깜박이고

치킨을 실은 배달 오토바이는 허공을 감고 하늘로 솟구친다

긴 어둠으로 떨어지는 지구

바닥을 몰라 천둥은 번쩍이고

스비리도프[*]

저녁이 오면 새들은 날아가 버린다

어제도 내일도
거리의 잎들은 불빛을 차려입고
오늘을 흔드는데

눈은 왜 지금 온다는 걸까

노을은 스웨터를 입고
물속으로 저물어져 가는데
머리 위 새들은 어디로 사라진 건지

검은 물 냄새로
등 뒤 바람이 강을 흔든다

목이 말라 눈보라를 기다리는 게 아니지

새가 사라지고 말까 봐

부서지고 말까 봐

돌아오는 발자국
어둠에 별을 산란해 놓고

눈은 왜 지금일까

먼 곳이 미끄러워 길은 어려운데

* 러시아의 작곡가(1915년-1998년).

장어

하늘로 오르는 동아줄인 줄 알았어

덥고 습한 여름
낚싯바늘에 매달려 대서양을 건너면
우리는 점점 바다에서 멀어져 갔지

퀴어 축제가 한창인 하늘
불꽃이 터지고
빨갛고 노란 나비들이 춤을 추는 광장

남자는 남자의 손을 잡고
여자는 여자의 손을 잡으며
어두운 강을 거슬러 올랐지

바다를 떠도는 게 싫어
한낮 태양이 싫어
광장에서 광장으로
광장에서 알루미늄 포일 속으로

미끄러진 우리는 붉게 꿈틀거렸지

자정을 알리는 폭죽 소리
가위질당한 몸은
언제쯤 이어질까

퀴어
퀴어
퀴어

누구의 손도 닿을 수 없는 먼바다

헤엄쳐 갈 수 있을까

밤을 걷는 킬힐

굽 높이에 밤은 달라지지

밤의 문을 열고
킬힐은 밤을 걷지

콘트라베이스의 울음으로
유리 구두는 반짝이고
사이프러스처럼 자라나는 심장은
뜨거워지지

굽 높은 밤은 당당해

춤추던 밤의 계단을 내려서면
보조개는 검은 밤으로 피어나지

언제 웃어본 걸까

아스라한 집이 가까워지면

지하 방은 어둡고
태양의 그림자만 밟는
문은 열수록 회색빛이지

밤은 왜 낮은 곳으로만 걸어갈까

반짝이는 킬힐을 신어도
버클슈즈를 신어도
곰팡이가 피는 지하 방

집에서 멀어질수록 그녀 발자국 소리는 리듬을 갖는다

밤에 도착한 리스본

나무를 보면 새가 되는 거리
세바스티앙의 담배 가게*를 읊조리며 거리를 날아요

일요일의 사람들은
허공을 나는 게 사람인지 새인지 관심 없어요

죽은 사람만 말을 걸어오는 리스본

페소아와 눈인사를 나누면
나무 젖을 빨다 죽은
아기 귀신이 엄마 젖을 찾아요

오빠는 울지만 젖을 나눌 수는 없어요

젖은 빨수록 왜 허기가 지는 걸까요
꺼진 배를 움켜쥐고
나무 품에 안겨 잠이 들어요

새들이 발목을 쪼아대는
바람을 따라
불 켜진 담배 가게
방의 창문을 세면서 리스본에 닿으면

죽은 사람이 자꾸 말을 걸어요

* 페르난두 페소아의 시 「담배 가게」 첫 구절을 읊조리는 앵무새.

트라우마

꽃잎이 물속에 가라앉습니다

물은 차갑고
어두운 바다를 우리는 건너갑니다

선실에서 기타 치며 웃던
모두는
어디로 건너가는지

깊은 물살에 숨이 차오릅니다

"가만히 있어라"

입술이 새파래지도록
물속에서 흔들리는 우리
물이 검고 무섭습니다

수요일 밖으로 헤엄쳐 나올 수 없는,

사람들은 젖은 채 말라갑니다

꽃이 문을 여는 봄입니다

비는 젖어 어두운데
물속 목소리 귓속에서 출렁입니다

목소리 찾아 번지는 울음을 물고
바다 문을 두드리면
붉은 울음이 떠오릅니다

귓속 나비

> 나와 다른 타인의 출현이라 해도 그 무엇도
> 의미를 갖지 않는다
>
> — 레비나스

나무가 흔들린다
아기 영혼이 깃든 나무
날이 흐릴 때마다
울음소리 새어 나온다

물소를 타고 천국으로 가는 아이
밤이 되어도 돌아오지 않는다

숲은 비명 중인데
숨소리 멀어지는데
어디를 가기 위해 나비는 날고 있는지

빗속으로 나비, 날아간다

어디서 잠들어야 울음소리 멈춰질까

보아도 보이지 않고
들어도 들리지 않는
아이는 어느 계곡을 걷고 있을까

귓속 너머 아이는 날개를 포기하지 않는다

들려오는 이명
점점 깊어져 간다

은하

봄밤에 장미는 더 붉어지지
36번 버스를 놓치고 장미 넝쿨을 따라 버스 길을 걸으면 밤은 불타고

십리대숲 은하 길은 열리지

깊어지는 메타세쿼이아 길
소실점을 찾아 물소리는 흐르고
자전거 탄 고양이는 페달을 밟아 달 위를 달리지

뜨거워지는 강바람
초롱 등이 켜지면 날벌레들의 혼인비행은 시작되지

한 걸음 한 걸음 뒤로 걸으면 시간을 되돌릴 수 있을까

화관을 씌우며 입술을 적시던 물빛은 보이지 않고
대숲은 저 홀로 푸른 몸을 흔든다

물 위에 몸을 누이는 바람

샤갈은 어떻게 파란 밤을 그려냈을까
그림자는 어떻게 슬픔을 덧칠했을까

물든 은하 길을 따라 무채색으로 봄은 시작인데

다섯 돌멩이

빈 자궁에 그녀 울음소리 들린다

새어 나오는 음악은 가늘고
서성거리는 창가 음들은 느려진다

몸속에 흐르는 물의 음악

자궁을 떠난
아이의 울음은 누구도 들어본 적 없지만
귓속은 뜨거워진다

물이 혀를 내민다
긴 혀가 강바닥을 핥는다
연어들이 돌아와 알을 낳는 계절

물수제비가 물결 위를 거슬러 오르면
오랫동안 물에 잠겨 숨을 참는 돌멩이

물이 낳은 응어리인지
빈 자궁의 목소리인지

물소리 점점 파래진다
물소리 점점 검어진다

십자수

문을 닫으면 사막이에요
식탁에 흘러내리는 모래알

낙타 울음소리 들립니다

모래사구를 걸어요
바늘귀를 잡고 밤새 걸어요

별의 영혼이 하얀 게르에 쏟아집니다

찻물이 끓고
찻물 속에 푸른 물빛
달이 차오릅니다

물빛이 깊어갈수록
달이 차오를수록
고개 숙인 새끼
양 울음소리 커져만 가고

울음소리를 잘라 화병에 꽂아 놓습니다

한 땀 한 땀
사막의 밤은 완성되어 가는데
울음은 언제 향기를 가질지

하얀 김이
한 모금 밤을 적시고 나면
무릎에서 모래알이 흘러내립니다

식스센스

죽은 인형을 안고 계단을 오른다

발자국이 남은 계단은 닦을수록 빛이 나고 창밖은 흐려진다

저녁 바람으로 구름 자리를 바꾸어야지

달빛을 밀며 검은 구름을 펼치면
죽은 인형이 맨발로 따라온다

어디서 신발은 잃어버린 건지

엄지발가락이 짓이겨져 신발을 벗어 주고 나면
인형은 달빛을 빠져나가고 없다

계단을 닦는다
하루가 멀다 하고 닦는다

닦을수록 축 늘어진
아이 발자국
선명해진다

어디로도 새 나가지 못한
울음 울음이
Rollin' Rollin' Rollin' 빛의 물줄기로 쏟아진다

계림우화

눈뜨면 온몸이 초록으로 물드는 숲이었음 좋겠어

몸은 얼었다 녹았다 주름뿐이다

둥지에서 새들은 겨울잠을 자고 우린 언제 깨어날 수 있을까

태양이 나뭇가지에 걸리면 잎들이 돋아난다

아이들 음성으로 노래하는 여기가 어딘지
목소리 따라 숲이 열리면
누구도 알 수 없는 천 개의 입술이 나뭇잎을 깨운다

물이 오른다

바람이 흔들면 깨어나는 발자국
환청은 또 어떤 겨울을 깨울까

기지개를 켜며 새들이 노래하는
돌 속에도 길이 있어 먼 곳에서 아이는 태어난다

아이, 울음소리 들린다

3부

Bluemoon

늦은 밤, 불을 켜면 방 안에 향기가 난다 침대에 들리는 건 시계 소리뿐 벌레가 된 걸까 초침 위를 걸어 다니는 바퀴벌레 사과는 선반 위에서 썩어가고 프라하의 밤은 깊다 카프카는 언제 내 곁에 누울까 머릿속이 자욱해 스웨터를 걸치고 집을 나선다 웨이브 진 머릿결, 새들이 앉아도 미끄러질 걸 집에서 멀어질수록 밤은 날씬하고 다리는 길어진다 공원의 검은 새들은 지저귀며 어둠을 날고 블루문은 파랗게 하늘을 태우고 있다 어릴 적 할머니를 따라 두 손을 모은다 오래 빌수록 소원은 많아진다 장님이 될까요 눈을 감아도 보이는 게 많아 소원은 자꾸 길어진다 너무 많은 소원 때문에 손바닥이 단풍 든다 바닥으로 손목이 떨어지면 소원은 이루어지겠지 가로등을 지나 편의점에서 캔맥주를 산다 편의점 문은 닫히지 않고 밤의 거품은 커진다 취기를 따라 걸어도 보이지 않는 집

낙타의 눈물

어둠이 내리면
몸속 어딘가에서 낙타의 울음소리 들리고
게르 앞에서 나는
무릎 꿇고 비밀스런 의식을 치른다

제단에 올릴 수 있는 건 마두금 연주뿐이므로
향은 노을빛이다

예복을 걸쳐 입은 옥빛 바람
홀기를 읽는다
아직도 사막 위를 부유 중인 새끼여

주술가처럼 광활한 초원을 불러들인다
우주의 뱃속
깊은 곳의 소리를 모아 바람이 부르는 노래

낙타의 호흡 가다듬으며
떨어져 나간 한쪽 귀를 찾아

구름의 행렬 따라 길을 나선다

길을 믿지 않는 너는
오늘도 굶주린 독수리가 되어
깊은 계곡에서 쓸쓸히 죽음을 파헤치겠지

이제 평화롭게 불을 지피자
땅거미 지면 이국의 어느 숲에서 내가 걸어왔던 길들 사이
네가 있었노라
달빛 편지라도 띄울 때면 초원의 풀들은 살아 선한 눈빛으로 내게 안길까,

울음통이 되어버린 사막 모래밭
젖은 눈썹 사이로 신기루 어스름 피어오른다

엄마의 바다

엄마 몸에 빨간불이 켜졌다

의사 선생님은 고개를 흔들고 창밖 숲의 나무는 어깨가 축 늘어져 있다

다리가 휘어지도록
살가죽이 뜨고 속에 물이 괴어도 견뎠었는데

병원 복도가 하얗다

하얀 얼굴로 휠체어에 실려 가는 아이
외발이다

엄마의 시간은 지금 몇 시인 걸까
깊숙한 호주머니에서 호스피스 명함은 구겨져 가고

병실 문을 열면 바다가 열린다

통증을 호소하는 파도
모래 알갱이가 부서져 운다

붉은 노을 따라 엄마의 바다는 말기로 넘어간다

검은 옷을 입은 그림자
엄마 곁에 앉으면
새파랗게 바다는 질리고

비를 맞고 우린 날았지

풍선에 갇힐 줄 몰랐어요
노랑 풍선을 타고 로스카보스로 날아가요

뿔 달린 구름들
몰려오지만 부풀 대로 부풀어진 웨이브의 머리
뭐가 두렵겠어요

공기의 시간은 빠져 어차피 흩날릴 텐데

속눈썹이 젖은 실루엣의 목소리
부풀어 가요
폭죽은 키스인 거죠

심장이 풀어진 바다
파티는 뜨거워져요

어디로 흐를지 모르는 입술과 입술들
백사장의 불꽃이에요

풍선에 바람 넣던 입술이 그리워요
엉거주춤 엉덩이를 낮춰
두 다리를 입술처럼 벌렸다 오므리던 그때
터지는 불꽃은 키스였을까요

머리카락이 자라나는
밤이 불안해요
머리에서 가슴이 튀어나오기 전 비를 맞고
우린 날아요

우리 동네 피터 팬

 해가 지면 허기가 져 오빠 오늘은 종일 기계에 젖을 물렸어 행사용 현수막이 급했거든 등 뒤의 난로에 연기가 치솟는 것도 모른 채 기계를 돌리면 우리의 컬러 세상은 밝아지겠지

 하프를 연주하는 그녀의 주문은 눈이 멀 정도로 화려해 오빠 그녀가 눈웃음으로 사정하면 오빠도 아마 그녀에게만은 젖을 물렸을 거야 빨강 노랑 검정

 산비탈의 염소도 지치면 내려와 젖을 달라 주문을 넣어 정신없이 허둥대다 오늘은 기계에 그만 빈 젖을 물렸어

 잘했지 오빠, 젖꼭지가 까매지도록 젖을 물리는 날은 자정과 자정의 경계를 잊고 미분양 보금자리를 위해 기계가 돌아

 오빠가 있었으면 피터 팬이 되어 내 손을 잡아줄 텐데 난 다리를 잃고 오빠는 숨을 놓쳤던 그때 어디서부터 슬

픔은 번지기 시작했을까

 쓰나미가 오기 전부터 번지던 슬픔이었을까 심장이 얼어버린 후부터일까

 우는 걸 잊어버린 나는 외로움에 갇힌 오늘보다 걷던 어제가 더 슬픈 날엔 기계에 젖을 물려 천천히 오래오래

흔한 남매

열두 살은 양의 탈을 쓰고 놀기 좋은 나이야
맨발이어도 춥지 않아
양들은 맨발이니까

굳은살로 딱딱해진 발바닥

초원으로 간 오빠를 찾아 집을 나서면
길모퉁이 국밥집에는
모락모락 김이 오르고

양 울음소리에 골목을 서성이며 오빠를 기다리면

오빠는 오지 않고
검은 그림자는 다가오지

*

눈이 희미해

바늘을 삼킨 것처럼
핏빛이 눈에 번지고
아지랑이가 피는

여기가 낭떠러지인지
감각을 잃은
오후의 소꿉놀이는 현기증이 나

며칠을 굶었는지 기억도 없는
나를 묶고
엉켜버린 털을 빗질하는

오빠가 수상해

오빠를 향해 양치기 개처럼 마구 짖으면
이상한 냄새가 나 오빠한테서

어디서 달려온 건지
얼마를 달려온 건지

목동도 아니면서 목동인 것처럼

                       *

오빠가 낮잠에 들면

오빠를 묶어
오빠를 깎아
나무에 걸어두면
양의 탈을 쓴 늑대가 몰려와 흥정을 하고

  우리는 양의 목소리로 서로를 부둥켜안고 열두 살을 건너지

봄밤

바람 불고
꽃잎 흩날리자
밤낮없이 비는 쏟아진다

너도 이 비를 보고 있겠지

'밥은'
'아니'
'같이 먹을래'
'아니'

캄캄한 밤
빗소리가 무너진다

봄밤이 울음으로 온다

칸나

태풍이 몰려온다

붉은 칸나가 날아가고
골목 변압기가 터진다

깜깜

밤의 담장이 무너진다

밤은 그녀를 어디로 데려가려는 건지

오키나와 해상을 건너 밤은 떠돈다

붉은 아침을 열 수 있을까

바람이 바람을 불러 모아
밤은 검붉어지고
울음이 밤을 지키고 있다

지금도 태어나는 아기는 있겠지
지금도 죽어가는 아기는 있겠지

기도하는 손이 붉게 태어난다

달 뜨는 세탁소

제비꽃을 보며 자매는 밤을 새지

눈에서 눈으로
입에서 입으로
수다가 피는 밤

어항 속 열대어가 꼬리치면
꼬부랑 할머니 헤엄쳐 오지

"얘야 비행기 타고 시집가야지"

비행기를 찾아 집을 나서면
겨울은 길어지고
발목은 눈보라에 푹푹 빠지지

세탁 바구니에 가득 찬 시커먼 빨래들

"내 팔자야 내 팔자야 무신 복이 이리 많아 허리 한 번

못 펴 보고 꼬부라지는 내 팔자야 밤도 주름 낮도 주름
펴도 펴도 주름뿐인 내 팔자야"

"할머니 노래한 번 더해주면 안 돼"
"시끄럽다 노래는 무신"

장단을 맞추는 세탁소
달이 환하다

몽타주

운동장을 달린다

스타킹을 쓰고
얼굴을 비울 때까지

어제는 검고
내일은 거칠고
오늘은 제멋대로여서 구겨지는 얼굴

어제를 지우기 위해 어떤 얼굴을 가질까

붉게 입술을 칠한다

가늘고 긴 속눈썹에 날개를 붙인다

네잎클로버는 왜 행운인 걸까
오늘은 어제의 전생인 걸까

어제와 오늘을 지나가면
내일은 얼굴이 채워질까

하얀 트랙 위로
얼굴 없는 밤이 달리고 있다

수선화

화병을 깨뜨렸어요

유리 조각이 반짝이며 쏟아져요

일요일이 왜 이래요
식탁이 왜 이래요

꽃은 말라가고
어항 속 금붕어는 목이 말라요

빛이 너무 오래 방을 갉아먹었나 봐요

바람이 하얗게 부서져요

급여 없는 겨울은 가져가세요

바람이 아파요
약국으로 달려요

열 오른 이마가 무거워 지구가 휘청거려요

하얀 꽃이 피려나 봐요

푸가의 방

 물고기가 헤엄치는 방입니다. 현관문을 열면 비늘이 떠다니고 창문은 기우뚱해집니다. 편지는 우크라이나에서 날아듭니다. 세계는 넓고 할 일은 많은데 할 일이 없습니다. 우표 속 애인은 울상입니다. 애인이 초록 지느러미를 펼쳐 우크라이나를 헤엄쳐 다닙니다. 바람은 차고 시립니다. 시린 것들을 오래 들여다보면 물이 차오릅니다. 피어싱을 하면 파도 소리 멈춰질까요. 밀려오는 파도 소리가 물고기 가득한 방으로 데려갑니다. 애인은 바다에서 멀리 있습니다. 멀어질수록 가까워지는 어둠입니다. 바람이 창문에 닿습니다. 창문을 열면 바람의 얼굴이 보입니다. 방은 어둡고 목소리는 높이를 잃습니다. 변주할 수 없는 밤들이 이어집니다. 물고기가 잠든 방. 음악이 방 안에 담깁니다.

어느 소설

증명사진이 없어
가족사진을 들고 공장 문을 두드렸지

문이 열렸어

열린 문으로
낮과 밤은 바뀌고
책들은 머리맡에 쌓였지

읽고 읽고
형광등이 까매지도록
소설을 써야지

한낮을 위해
한밤을 걷는
조용한 메타세쿼이아 나무를 위해

*

늦은 귀가를 의심하던 아버지
식칼을 들고 있었어

무섭고 낯선
밤에 찔리기 싫어
술잔은 벌벌 떨고
소주병은 깨지며 나를 보고 웃었지

유리 조각이 박혀 반짝이는 소설

이 정도는 괜찮아
소설에서는 그럴 수 있는 거니까

*

계절이 바뀌자
소설 속 사람들은 하얀 눈 뭉치를 굴리며 털장갑을 만

들었지

  털장갑은 따뜻해
  잠들기 좋았지만
  마을의 집들은 기우뚱
  얼음 아래로 기울고

4부

아프리카 장례식

사파리 여행을 위해 적금을 깬다

골목엔 비가 내리고
타조처럼 저녁은 걸어온다
긴 눈썹에 빗방울이 부딪치면
우기에 떠내려가는 아프리카
물소 얼굴이 떠오른다

통닭집을 지나 초원미용실
사슴의 눈망울은 보이지 않고
파마하는 갈기털 사자만 보인다

머리를 자르면
기분이 바뀔까 얼굴이 바뀔까

떠내려간 기린이 죽었습니다

늦은 시간 장례식장이 환하다

할렐루야
할렐루야
누굴 위한 찬송가인지

영정 사진에 국화꽃을 피워도
천국에서는 아무도 눈물을 흘리지 않는다

왜 나만 우는 걸까
왜 나만 눈물일까
천국을 볼 수 없어 천국은 내게 너무 먼 곳일까

울지 마세요
천국에서는 우는 것이 아니에요
오늘 눈병이 심해졌어요
아무리 울어도 고쳐지지 않습니다

천국을 떠나 아프리카를 걸으면 눈물은 그쳐질까

아프리카 아프리카

파마한 사자와 사슴 타조의 긴 목을 잡고 빗길을 걷는다

찬송가는 등 뒤에서 오래 계속되고

페가수스

만화방은 이층이었다

좁은 계단을 오르며 우리는 이팝처럼 피어나고
마네킹을 닮은 연애는 빗길에 종종 미끄러졌다

남자들은 킥킥 담배로 구름 도넛을 만들고
정지된 시간과 만질 수 없는 시간으로 유리창에 얼룩이 지면

우리는 우리를 잊기 위해 비틀거렸다

최루탄 가스가 창문을 타기 전까지
시트지로 달라붙은 파란 만화 글자가 방망이로 두들겨 맞기 전까지
우리에게 비밀은
장발의 오빠들이 암호처럼 풀어놓은 시를 읽다

지문처럼 찍고 싶었던 입술이 숲의 눈동자에 갇혀 비

를 맞는 정도였다

   비 내리는 브람스를 좋아해요

   유리창의 얼룩을 지나
   비가 되어버린 발목을 찾아
   좁은 계단을 오르면

'엄마' 하고 아이가 손을 내미는 만화방

겁이 났다 저토록 아름다운 너를 내가 낳은 건지

사각지대

비가 그쳤다
드럼을 연주하듯
수국을 두드리던 비를 물리고
늦은 가을 밥상을 물리면 입술은 추워진다

모닥불을 피워도
입김은 하얘 붉어지지 않고
눈에서 멀어진 사람은
밤이 오면 물속에 얼굴이 보인다

밤을 견디는 입술이라 말할까
흔들리는 낯선 얼굴이라 말할까

가로등이 가만히 밤을 내려다본다

산비탈의 나무는
불에 그을린 얼굴을 가리고
낮은 음으로 물속에 가라앉는다

물속에도 커다란 울음이 있어
별을 풀어 눈알을 말리면

여기에도 봄은 오겠지

풀무치 울음이 길어진다

입꼬리

새벽은 맨발로 걷는 잠 속 같다

밤의 능선을 깨우고
희미해지는 별을 따라 경주 남산을 오른다

밤새 내린 비로 어둠이 젖어 있다

사는 게 다 장마인데
우리는 어디를 향해 걷는 건지
몸이 흩어질 때마다

떨어진 나뭇잎은 죽어간다

입술에 묻어오는 바람

뭉개진 입
뭉개진 손으로
석불좌상 앞에 서면

목소리 들린다

돌 속에도 구름 있어 두들기면 비는 쏟아지고

비옷도 없이
우산도 없이
알몸으로 듣는

여기,

탐구생활

비 맞은 꼬리 말아 올리며
우리는 서로
모르는 고양이로 운다

어제의 우리는 어떤 고양이였을까

물 냄새 짙은 연못가에서
잉태한 비를 안아 몸이 무겁다

물결치는 검은 그림자
고양이 얼굴로 바닥을 뒹굴다
생선 냄새를 따라 길을 나선다

걸어서 한 달
걸어서 백 년
이름도 가져보지 못한 채
발톱이 자란 울음은 깊다

바닥을 기던 밤이 털을 곤두세운다

떨어지는 밤의 냄새

고양이 울음이
가을을 흔들면
우리는 서로
낯설어진다

템플스테이

합장을 하면
몸에서 땀방울이 맺힌다

꽃일까

한 잎 한 잎
떨어지는 꽃잎의 시간을 두 손으로 모은다

아스팔트 공사장에 떨어져 말라가는 핏자국

노동의 시간을 한낮의 지문으로 읽으면 꽃으로 피어날까

마당의 배롱나무가 주술을 부려 바람을 부른다

그사이

저녁을 물리고

구부정한 허리를 펴는
새는 구름이 되고 접은 날개를 펼치며 바람이 된다

온몸으로
온 우주로

여름을 건너간다

여름 숲이 합장한다

모티브

신발에 모래가 가득이다

낚싯대를 던질 때도
낚싯대를 휘감을 때도
봄은 겨드랑이가 간지럽다

재즈 음악이 창밖을 드나드는 동안
꽃을 낚겠다고 줄지어 기다리던 사람들은 한 조각 파이를 들고 바다를 본다

쟁반을 닦고
쟁반을 치워도
마법처럼 또 몰려오는 파도 소리

휴일의 의자는 노랗고
휴일의 파라솔은 파란
모래밭에서 금발의 아가씨는 바다를 걷는다

바람이 잔잔한 물 위를 걸어 등대에 닿으면
낚시꾼들은 기지개를 켜고
그녀는 봄을 벗는다

자동차는 달리고

혼자를 깊이 묻어야 하는 바다는 바쁘다

여름 풍선

이 행성은 멀미가 나

창을 두드리며
풍선이 말을 건넨다

발이 없어 걸을 수 없는데
팔이 없어 손 내밀 수 없는데
지나가는 사람을 어떻게 붙잡아야 할지

나무 그늘이 있어도 여름은 멀다

금요일의 연인은
풍선으로 가벼워지고
아이들은 밤낮이 바뀐다

가로수에 맞춰 흔들리는 에어풍선
개업식 앞에서 아이스크림은 녹아내리고

소년은 날아오른다
오토바이가 날아오른다
빨간 지붕이 날아오른다

허공에 여름이 걸린다

다이어리

탄지
토끼를 묻었다

눈알은 무겁고 충혈된 바다는 손가락으로 튕긴다

한 찰나에 구백생멸 있다는데 토끼는 하늘을 제대로 날아갔을까

두 귀를 쫑긋하며 파도는 달려오고
자다가 깬 것도 아닌데
발목이 흐릿하게 물에 젖는다

어린 풀들을 누군가 밟아 놓았다

음악회
유리 조각이 심장을 찌른다 바이올린이 귀향을 연주하면 계절은 고요해진다

주기적으로 우는 바이올린

의자

자전거를 타고 토끼가 하늘을 날아간다 바퀴는?

며칠째 난로에 비가 내린다

젖지도 마르지도 않는 시간이 근육통을 앓는다

내일은 앉을 수 있을까

마임의 방

1. 레드썬
죽음을 파고드는 살결이 따뜻하다

레이스가 하얀
당신은 아직 살아 있구나

아기 고양이처럼 동그랗게 몸을 말고 우리는 죽어간다

타다닥 탁
불꽃이 튄다

석류는 붉어
브래지어 속 꼭지로 타고
당신은 무대에서 내려와 싸늘한 내 허벅지를 휘감는다

불을 끄면 죽음을 맞이합니다

2. 위험한 사람들
고백은 이제부터 시작입니다

 등 뒤의 길을 돌고 돌아 도착한 낯선 길에서 세 시간 두 시간 다섯 시간
 오지 않는 당신을 기다리는 시간은
 왜 초조해져 가는지

당신의 체위에 관해
걱정한 까닭은 무엇일까요?

다행입니다
다행이에요
마주 앉아 완성되어 가는 우리의 몸
어루만져도 괜찮습니다

있고 없고 있고 없고
무슨 소용입니까

꽃의 입술을 훔치며
꽃의 혓바닥을 쓰다듬으며
눈을 뜨세요
여기는 알몸의 세계입니다

딸꾹질

   나비가 운다 천장에 그려진 울음소리로 날개는 피아노 건반을 두드린다 하얗게 물결치는 빗방울이 심장을 두드린다 산으로 간 아이는 바다에서 비를 맞는다 어느 하늘을 보고 누우려 한 걸까 비를 지워도 구름을 밀어도 아이는 돌아오지 않는다 배낭에서 울음이 쏟아진다 링거에 어둠이 한 방울씩 떨어지면 알약을 삼키고 나비는 잠이 든다 밤의 커튼이 창백한 빛으로 내려와 달빛을 가리면 달은 온몸으로 나비를 받는다

그을린 새를 그리면

귓속으로 기차가 달려와요
순록이 잠든 숲을 지나
얼음의 골짜기를 지나
귓속 달팽이 집에 닿습니다

징검다리로 여름은 건너오고
자정은 호수공원 물 위를 걷습니다

붕어를 물고 왜가리 날아갑니다
밤이 깊어 갈수록
쥐똥나무 산딸나무 얼굴은 하얘지고
죽은 새 울음소리 들려옵니다

밤은 왜 들여다볼수록 노랗습니까
노랑어리 연꽃이 피었습니다

차가워진 물의 심장이
그을린 어제를 덮어버리면

내일은 영영 깨어나지 않습니다

새의 영혼을 따라
어디에 닿아야 먼 곳의 태양이 내일을 열 수 있을지

오늘은 울음으로 만든 새를 그립니다

환생

노랑이 웃는다
진달래가 웃는다
혀끝 돌기가 웃는다

부피와 상관없이
질량과 관계없이

우두커니 홀로 불 밝히던 등대에도 꽃이 피고 달려오는 아이, 머리핀에도 꽃이 피는

해변

온다
발바닥으로 온다
모래로 온다
바람으로 온다
파도로 구름으로 자갈로

와르르르

울부짖던 봄은 무심히 또
아장아장
까르르르
물결무늬 원피스로
걸어온다

그림자를 지워도 지나갈 사람은 지나갈 뿐이고

오늘도 혼자 버릇처럼 십리대숲에 숨는다

숨는다고 숨어지는 건 아니지만 구석진 곳에 고양이처럼 엎드려 있으면

지나가는 사람은 지나갈 뿐이고
곁눈질하다 발목을 삐걱하는 사람은
호기심에 잠시
삐걱거릴 뿐이다

눈을 감고 볕에 기대앉는다
내가 무성해진다

대나무처럼 속이 빈 줄 모르고 위로만 뻗다 꺾인 나와

심장을 쥐었다 펼쳐놓으며
내가 있어 매일이 좋은 거야
내가 있어야 매일이 좋아질 수 있는 거야

안에 가라앉아 있는 게 뭔지도 모르면서 목젖까지 드러내며 웃던 내가

애인을 떠나보내고
엄마를 떠나보낸 뒤
놓친 게 뭔지 몰라
댓잎처럼 누레지면

슬픔이 강물처럼 불어 물속에서 혹등고래 울음소리 들린다

고래 울음에 깊이 빠져 본 사람은 안다 울음이 가슴을 어떻게 후벼 파는지

울음을 잘라 대숲에 심는다
마디마디 숲의 바람이 따뜻해진다

그림자를 지워도 지나갈 사람은 지나갈 뿐이고 꼬리가 잘려도

푸르른 사람은 푸를 뿐이다

| 해설 |

풍경 더미를 누비는 슬픔의 행렬

서윤후(시인)

　화가 클로드 모네는 1888년부터 약 2년 동안, 스물다섯 점의 건초 더미 풍경화를 그린다. 수확이 끝난 농촌에서 퇴비 목적으로 높이 쌓아둔 건초 더미가 그의 시선에 포착된 것은 어떤 이유에서였을까. 그 풍경은 같은 자리에서 시시각각 달라지기도 했다. 해가 뜨고 지는 시간과 날씨 등에 따라 제자리에 서 있는 건초 더미의 달라져 있는 느낌을 섬세하게 그렸다. 시간은 입체로 그림 속에 남아 있다. 단단하게 쌓여 있는 웅장한 기세를 느낄 수도 있고, 불을 붙이면 금방이라도 잿더미가 될 것 같은 가볍고 건조함이 담겨 있는 데다가, 어떤 방향에서는 거대한 도토리처럼 보이는 음영이며, 꼭 누군가 살고 있을 것만 같은 움집의 비밀스럽고 아늑한 모습도 연상하게 만든다. 잉여의 풍경으로 지나지 않았을 건초 더미에 다시 시간의 입체감을 부여하면서 많은 이의 상상력을 커게 만드는 명작의 순간이기도 하다.

일상을 구성하는 반복을 재편하기 위해 끊임없이 불러온 예술의 상상력은 여러 가지 기능을 한다. 일상을 새롭게 환기할 수 있는 기회를 제공할 뿐만 아니라, 인간 내면 깊숙이 축적되어 있던 감정이나 삶에 대한 의미를 시추할 수 있는 순간에 접어들 수도 있게 된다. 독자가 그 상상으로 하여금 동시다발적으로 작품 속에 참여하게 되는 것은 읽기의 순간에 있다. 그리고 여기에는 거대한 풍경 더미가 하나 놓여 있다.

김루 시인의 시편들이 겹겹이 쌓아놓은 풍경은 일상에서 그리 멀지 않은 것들이다. 멀지 않다는 거리감에서 그것을 새롭고 낯설게 재편하는 데에는 시인에게 맺혀 있던 빗방울이 재료로 필요하다. 빗방울은 해석을 요구하거나 의미를 부여하지 않은 채로, 온전히 내렸다는 증거. 있는 그대로의 물기로 등장해 일상의 풍경을 맑은 얼굴로 다시 새롭게 선보인다. 시인의 첫 시집은, 모네를 사로잡았던 건초 더미를 보듯이, 거대한 풍경 더미를 만나는 일이 될 것이다. 이것은 한 개인의 역사이면서도, 읽는 이로 하여금 수없이 엇갈리게 될 상상력의 매립지다. 우리가 어떤 이야기를 회전문처럼 돌아 나올 수 있게 되는지, 또 어떤 문턱에서 걸려 넘어질 수 있는지, 아니면 벽에 걸린 오랜 액자처럼 하염없이 들여다볼 수 있게 되는지는 시인이 첫 시집에 두고 간 풍경 더미의 입체를 누비면 알 수 있게 된다. 그리고 슬픔은 빗방울처럼 내리며 한 인간의 상상력을 어떻게 품고 길러냈는지도 눈여겨볼 수 있다. 이 풍경 더미를 누비며 "검은 옷을 입고 저마다의 숲으로 우리는 흩어"(「공원의 표정」)질 순서가 된다.

너도 이 비를 보고 있겠지

흥미롭게 느껴지는 것은, 시집 전반에 내려앉아 있는 '물'의 이미지가 시인의 상상력을 추진하는 재료가 되거나, 내면에 맺혀 있던 이야기를 꺼내오는 중요한 역할을 한다는 것이다. '물'이 생명의 태초, 그러니까 근원적인 상상력으로 가닿는 것을 이미 숱한 예술 작품에서 경험해보았지만 시인의 물은 고여 있는 물이 아닌, 쏟아져 내리는 '비'의 형태로 출현한다는 점이 인상적이다. 자신이 선택할 수 없는 날씨의 운명처럼, 삶을 받아들이고 있는 화자의 태도로까지 도달하게 된다. 물의 관찰을 통해 시 안에서는 출렁임이나 고요함, 흐늘거림, 가라앉음, 거슬러 오름, 파래짐, 검어짐, 떠오름 등 물의 동사들이 대거 출현하는데, 이것을 삶의 문법으로 차용하면서 자신이 겪어왔던 풍경을 구성해나가는 것이 흥미롭다.

구석에 오래 세워져 있습니다

날씨가 맑았거든요

오늘은 아침부터 흐리더니
빗소리 저녁을 두드립니다

뜨거워지는 빗방울 소리에
밖으로 나갑니다

모처럼의 외출입니다

…(중략)…

비의 음악이 심장을 파고들어
빗방울 속으로 우리는 숨어듭니다

해가 뜨면 다시 구석에 서 있겠지만
태양을 그리워하지 않을 겁니다

빗소리 기다립니다

―「비요일의 우산」 부분

시인이 비를 불러오는 방식은 그것을 피하거나 막아내기 위한 상대적 존재로 느끼는 것이 아니라 '나'가 세상과 만나 접촉하는 방식으로 그려지는 것이 특징적이다. 단순히 축축하거나 눅눅한 분위기를 자아내는 것에 지나지 않고, 삶의 생기로서 비를 재해석하고 받아들이고 있다는 점에서 시인 스스로 삶의 위기나 새로운 국면에 굴복하지 않고, 비의 상상력을 통해 일상의 새로움을 재편하고 있는 것이다. 날씨가 맑아 구석에 오래 세워져 있을 수밖에 없는 우산의 쓸쓸한 운명을 펼쳐 들 수 있는 비 오는 날의 환영은 "태양을 그리워하지" 않고 "빗소리 기다"리는 자신의 숙명의 자리에 데려옴에 따라, 자신을 발설할 수 있는 순서를 간직하게 된다.

시인은 어쩌면 "오랫동안 물에 잠겨 숨을 참는 돌멩이"(「다섯 돌멩이」)였다가 "통증을 호소하는 파도"(「엄마의 바다」)였다가 "물고기가 헤엄치는 방"(「푸가의 방」)이었을지도 모른다. 자신의 울퉁불퉁한 탄생석을 어루만지고, 물의 상상력을 부챗살처럼 펼치면서, 자신이 지나왔던 의미를 맑게 닦아 마주한다. 시인에게서 태어난 이 슬픔은 물살에도 버티고 서 있는 어떤 투명한 의지처럼 느껴지기도 한다. 슬픔에 일그러지거나, 슬픔을 다시 슬픔으로 전달하는 방식이 아니라, 물의 상상력을 통해 슬픔에게 다시 새로운 의미가 될 수 있는 기회를 부여하는 것이야말로 김루 시인이 세상을 만나고 끌어안는 다정한 방식이라는 생각이 든다.

"비옷도 없이/우산도 없이/알몸으로 듣는"(「입꼬리」) 여기의 세계는 언제나 젖어 있고, 피할 수 없는 운명의 처지를 느끼게 만들지만, 시인은 물 앞에서 굉장히 능동적인 태도를 갖게 된다. 숨길 수 있는 것들을 은폐하면서 동시에 꺼낼 수 있는 것들은 물에 빌려 이야기하고 있기 때문이다. 그동안은 "혼자를 깊이 묻어야 하는 바다"(「모티브」)처럼 바쁜 모양새였을지 모르지만 시인은 "나뭇잎 한 장으로/전생을 다 가릴 순 없지만/물속 고요는 여전히 낮"(「물속 엘리스」)설다는 사실을 끊임없이 자각하며, 조용해지는 것들에게 목소리를 내어준다. 시인이 삶에 대해 가지고 있는 긍지가 시에서 그려지는 물의 소외된 측면을 헤아린다는 데서, 비를 맞는 자세에서 발현되는 최초의 순간이기도 하다.

울음소리라는 난청

물의 이미지들이 번져 파편처럼 떨어져 있는 시의 웅덩이를 지나다 보면, 울음에 대한 표현들이 이 풍경 더미를 수호하고 있다는 느낌이 든다. 슬픔과 눈물로 직결되는 울음이라기보다는, 살아 있다는 증명이자 간직하고 있던 풍경이 눈감지 못하도록 만드는 비명이다. 풍경 더미의 깊숙한 곳에 파묻혀 있던 가족 서사의 음악을 켜면서, 서로를 찾는 데 쓰이는 연대나 구원의 목소리처럼 표현된다. 어디선가 터져 나온 비명이나 울음소리에 일순간 한 풍경이 경

직되거나 고요와 긴장으로 사로잡히는 풍경이 아니다. 시인의 시 안에서는 이미 울고 있던 존재들의 발견이다. 이미 울고 있던 풍경의 울음소리를 다시 듣게 되는 이 난청은, 시인의 상상력이 만들어낸 허상이 아니라 물의 문법을 통해 이제야 다시 들을 수 있게 된 모국어의 현장처럼 읽히기도 한다. 울음소리에 겹치는 삶과 죽음을 함께 만지고, 물 자국의 얼룩을 젖은 눈으로 마주하는 시인의 풍경은 통증이라는 관찰에게서 조감되는 슬픔의 행렬처럼, 각각의 시를 서로 붙잡고 이어진다.

    빈 자궁에 그녀 울음소리 들린다

    새어 나오는 음악은 가늘고
    서성거리는 창가 음들은 느려진다

    몸속에 흐르는 물의 음악

    자궁을 떠난
    아이의 울음은 누구도 들어본 적 없지만
    귓속은 뜨거워진다

    물이 혀를 내민다
    긴 혀가 강바닥을 핥는다

연어들이 돌아와 알을 낳는 계절

물수제비가 물결 위를 거슬러 오르면
오랫동안 물에 잠겨 숨을 참는 돌멩이

물이 낳은 응어리인지
빈 자궁의 목소리인지

물소리 점점 파래진다
물소리 점점 검어진다

— 「다섯 돌멩이」 전문

"새어 나오는 음악"과 "서성거리는 창가 음"을 조율하는 "물의 음악"이 "그녀 울음소리"로 그려지는 이 작품에서는, 태초의 모국어를 울음소리로 받아들이는 화자의 모습이 드러난다. "귓속은 뜨거워"지는 이 울음은 "물에 잠겨 숨을 참는 돌멩이"를 품고 파래지고 검어지는 물소리의 근원은 "물이 낳은 응어리"와 "빈 자궁의 목소리"처럼 느껴지기도 한다. 시인의 언어가 울음소리가 망각했던 어떤 근원을 일깨우는 출렁임으로 다가올 때, 이 작품은 이번 시집의 맨 앞에 서 있는 목소리처럼 느껴진다. 탄생과 살아감을 동시에 흘려보내는 태초의 모국어 안에서, 시인은 숨을 참고 있던 돌멩이를 만나게 된다. 그것은 물소리에서 처음 만나게 된 세상과의 조우, 어머니와 나, 가지게 된 목소리의 적막을 처음으로 깨트리는 도구로서 물속에 온몸으로 던져진 투신된 시인 자체이기도 하다.

"울음은 언제 향기를 가질지"(「십자수」) 생각하는 사막의 시간 속에서 슬픔은 때로는 물기 가득한 풍경이 아니라 목이 타오르도록 마르고 건조한 풍경이라는 것을 이야기한다. "양 울음소리에 골목을 서성이며 오빠를 기다리"(「흔한 남매」)던 어릴 적 풍경은 "울음이 밤을 지키고 있"(「칸나」)어주었다는 지난 사실이 꺼내온 것 중 하나이다. 슬픔에 잠식된 기억이 아니라, 슬픔을 깨우치고 일어나는 기억이라는 점에서 시인의 상상력은 과거의 시간을 앞으로 살아가게 만드는 힘으로 뒤바꾸는 예언적인 측면도 있다. "물속에도 커다란 울음이 있어/별을 풀어 눈알을 말리면//여기에도 봄은" 올 것이라고 믿게 만드는 슬픔의 점성을 풍경에 풀어다 놓는다.

개인적인 차원뿐만 아니라 시인은 우리가 함께 지나왔던 고통의 풍경에 대해서도 이야기한다. 이때의 울음소리는 그때 나누었던 시간을 여전히 기억하며 간직하고 있다는 것을 증명하는 신호가 되기도 한다. 잊을 수 없는, 잊어서는 안 되는 시간을 호명하며 시 「트라우마」에서 화자는 "목소리 찾아 번지는 울음"을 내내 듣고 있다. "울음을 물고/바다 문을 두드리"면 떠오르게 될 붉은 울음이 살아가야 할 어떤 날의 이유가 될 것이라고 믿기 때문일지도 모른다.

  탄생과 죽음이 회전문처럼 돌아가는 물속의 풍경에서 울음소리는 맨 처음 길어 올린 모국어의 흔적이자, 숱한 과거를 다시 앞으로 세워두는 호명이며 동시에 서로가 가까이에 머무르고 있다는 인기척이다. 울음소리의 내밀함을 구축하는 시인의 상상력을 시편들로 하여금, 우리는 물때처럼 얼룩져 있던 슬픔을 다시금 실감하면서 우리에게 필요한 일부분이 되는 것을 경험할 수 있게 된다. 이것이 풍경 더미로 시편마다 새로운 국면에 서게 되는 슬픔의 행렬이기도 하다.

무질서의 여름을 관측하기

  정제된 풍경을 쌓아 올리기 위해 화자는 어딘가에 귀속되지 않고, 여행자의 보폭으로 삶의 새로운 테두리를 헤매게 된다. 그 사이에 자주 목격하게 되는 여름은, 이번 시집에서 중요한 열쇠이기도 하다. "비가 온 뒤로 수염이 무성"(「추모 공원」)한 시간이며 "바닥을 몰라 천둥으로 번쩍"(「덩크슛」)이는 시간이기도 하다. 하염없이 무더위에 늘어지다가도, 울음소리로 점철되어 내리는 비에 풍경은 시시각각 전환되기도 한다. 이 기나긴 여름 속에서 시인은 질서 없이 변주하는 시간들을 온몸으로 감각한다. "나무 그늘이 있어도 여름은 멀"(「여름 풍선」)게만 느껴지는 시간

속에서 느끼는 이 행성에 대한 멀미나 "우리는 우리를 잊기 위해 비틀거렸"(「페가수스」)던 만화방에서의 시간, 그리고 사건의 커다란 징조처럼 다가오는 "오키나와 해상을 건너"(「칸나」) 떠도는 태풍 같은 밤의 시간들까지도, 시인이 무질서한 여름에서 관측한 것들이다. 시인에게 여름이란 "골목 변압기가 터"(「칸나」)지면서 시간에 새로운 흐름이 생기는 동안이다.

> 덥고 습한 여름
> 낚싯바늘에 매달려 대서양을 건너면
> 우리는 점점 바다에서 멀어져 갔지
>
> 퀴어 축제가 한창인 하늘
> 불꽃이 터지고
> 빨갛고 노란 나비들이 춤을 추는 광장
>
> 남자는 남자의 손을 잡고
> 여자는 여자의 손을 잡으며
> 어두운 강을 거슬러 올랐지
>
> 바다를 떠도는 게 싫어
> 한낮 태양이 싫어
> 광장에서 광장으로

광장에서 알루미늄 포일 속으로
미끄러진 우리는 붉게 꿈틀거렸지

― 「장어」 부분

　이 시는 퀴어 축제의 현장 속에서 바라본 시인의 또 다른 여름이 채색된다. "바다"라는 중심에서 점점 멀어져갈 수밖에 없었던 이들의 붉음을 현기증처럼 확인하는 시간이기도 하다. 형형색색으로 수놓아진 광장을 중심으로 전개되는 이 시의 이야기는, 소외되거나 정체성을 숨길 수밖에 없던 존재들의 세계를 여름의 풍경으로 재출력하며, 시인이 지니고 있던 풍경 더미가 더 깊고 넓어지는 순간이다. 이번 시집의 가능성이기도 한 이 새로운 여름의 입장을 불러와, 시인은 지금껏 숨겨져 있던 시간을 다시 일깨우면서 읊조린다. "태어난다 구름이/태어난다 나비가/여름처럼/한낮처럼"(「선암과 선암」)

　여름을 한가운데에 세워두고 이야기하는 작품도 있다. 시 「카페에서 바라본 여름」은 "카페 문을 열고 들어와" 여름을 주문하는 당신으로부터 이야기가 시작된다. 여름을 건네받으면서 "유리잔에서 당신이 출렁거"리는 일이야말로 이번 시집의 발생 지점처럼 느껴진다. 이 여름은 서핑하던 사람들의 활기와 잠깐 내리는 비 사이에서 바닷속 물고기가 "줄무늬를 갖는" 시간이다. 우리에게 여름이 그렇다면 이 시집을 함께 읽는 작업이 "천 개의 입술과 천 개의 지느러미가 헤엄치는 바다"에서 우리가 만난 일 그 자체일 것이다. 색깔 없이 "흑백의 얼굴로 여름을 지나"치며 끝나는 이 작품은, 이제 각자의 얼굴에 다시 채색하게 될 시간을 기다리게 한다. 시인의 여름은 무언가를 더하거나 보태는 방식이 아니라, 소멸함과 동시에 새로움을 기다리는 방식으로 퇴장한다.

김루 시인의 첫 시집에 놓인 이 풍경 더미는, 시인이 온전히 점유하고 있던 시간에 입체감을 새로이 만드는 것뿐만 아니라, 세상의 사각지대와 손잡으며 더 넓어지는 방식으로 견고하게 건설된다. 물의 현장을 세우고, 그것을 기꺼이 온몸으로 가로지르며 삶의 순탄함 속에 가려져 있던 울음소리를 꺼낸다. 도처에서 들리는 울음소리를 기꺼이 환청처럼 듣고 껴안으며 마침내 시인 안에서 계속해서 이어져 오던 슬픔의 행렬은, 새로운 길에 들어서게 된다. 시인의 언어가 슬픔에 잠식되지 않고 일상에 상상력을 물수제비뜨며, 계속해도 도착할 수 없는 길을 열어놓는다는 것이 다행이라는 생각이 든다. 도착 없이 이 슬픔의 행렬을 따라서 처음 내리는 여름, 처음 흐르는 울음소리, 처음 발음해보는 모국어, 처음 발이 빠지게 되는 웅덩이……. 그 모든 풍경이 하나같이 자신이 바라보던 풍경 더미를 재구성하는 시선으로 펼쳐져 우리에게로 번져간다. 무엇보다 지나온 시간을 다시 앞장세우는 이 슬픔의 행렬에 발현하는 환상성은, 우리가 잃어버리거나 놓치고 있던 많은 시간을 마주할 시간의 근미래로 되돌려 놓는다. 풍경 더미를 축조하고서, 여행자의 보폭으로 세상에 남겨져 있는 슬픔과 세상의 젖은 손을 새롭게 잡으려는 시인의 집요함과 환상이 오랫동안 방황하기를 바라는 마음이다.

슬픔의 행렬 맨 끝에 서서, 우리는 이 풍경 더미를 새로이 보이게 할 시인의 더 많은 비와 여름을 기다리게 된다. 구름처럼 하염없이 뭉개지거나, 인기척도 없이 무성하게 비 내리거나, 고여 있던 웅덩이의 새로운 출렁임을 만들면서 시인인 모두에게 공평히 흐르던 시간 속에 새로운 흐름을 놓아준다. 이 입체적인 풍경이 어떻게 구축되었는지, 풍경 더미 안쪽으로 들어갈수록 맑아지는 느낌, 청아해지는 슬픔, 시원해지는 눈물……. 우리는 그 슬픔의 물방울이 맺힌 이마를 닦으며 슬픔의 행렬을 뒤따라갈 것이다.

시인수첩 시인선 074
오늘의 판타지

ⓒ 김루, 2023

초판 1쇄 인쇄 2023년 8월 21일
초판 1쇄 발행 2023년 8월 29일

지은이 | 김루
발행인 | 이인철

펴낸곳 | (주)여우난골
주   소 | 서울특별시 강남구 언주로30길 27. 606호 (도곡동 우성리빙텔)
전   화 | 02-572-9898
팩   스 | 0504-981-9898
등   록 | 2020년 11월 19일 제2020-000328호

블로그 | blog.naver.com/seenote
이메일 | seenote@naver.com

ISBN 979-11-92651-13-2 03810

* 파본은 구매처에서 바꾸어 드립니다.